铁路工务适应性培训丛书

铁路工务防洪

广州铁路(集团)公司工务处
广州铁路(集团)公司劳卫处　编

中国铁道出版社

2012年·北京

内容简介

本书主要从防洪概述、汛期防洪地点及管理、防洪检查及水害抢修、奖励与惩罚等四个方面，本着深入浅出、言简意赅、通俗易懂的编写原则，对铁路工务防洪应具备的相关技术和知识进行了详尽介绍。

本书适用于铁路工务防洪岗位适应性培训，也可作为新职、转职、晋升的岗位资格性培训用书。

图书在版编目(CIP)数据

铁路工务防洪/广州铁路(集团)公司工务处，广州铁路(集团)公司劳卫处编．—北京：中国铁道出版社，2012.5(2012.9 重印)

(铁路工务适应性培训丛书)

ISBN 978-7-113-14581-1

Ⅰ．①铁…　Ⅱ．①广…　②广…　Ⅲ．①护道(铁路)-防洪-中国　Ⅳ．①U216.41

中国版本图书馆 CIP 数据核字(2012)第 080931 号

书　　名：铁路工务适应性培训丛书
铁路工务防洪

作　　者：广州铁路(集团)公司工务处　广州铁路(集团)公司劳卫处　编

策划编辑：时　博

责任编辑：时　博　**编辑部电话**：010-51873141　**电子信箱**：crph@163.com

封面设计：冯龙彬

责任校对：张玉华

责任印制：陆　宁

出版发行：中国铁道出版社(100054，北京市西城区右安门西街 8 号)

网　　址：http://www.tdpress.com

印　　刷：中国铁道出版社印刷厂

版　　次：2012 年 5 月第 1 版　2012 年 9 月第 3 次印刷

开　　本：850 mm×1 168 mm　1/32　印张：1.5　字数：36 千

书　　号：ISBN 978-7-113-14581-1

定　　价：10.00 元

前　　言

党的十六大以来，我国铁路大规模的客运专线建设和运营使用，标志着我国铁路进入了高速发展时期，铁路现代化建设的进程得到跨越推进。按照中长期铁路网规划纲要，到2020年，我国将建成1.6万km以上客运专线及城际铁路，届时，全国铁路网结构将更趋完善，铁路在经济社会发展中的基础性保障作用将得到极大提升。

随着铁路建设的不断深入推进，铁路技术装备现代化程度不断提高，既有线提速和高速铁路技术的发展，对铁路系统职工队伍素质提出了更高、更严的要求。可以说，人才是铁路事业可持续发展的基础，职工队伍的整体素质决定铁路现代化发展的高度与深度。因此，如何培养和造就一大批适应铁路现代化建设需要的高素质人才队伍，是当前摆在我们面前的一项重大而紧迫的战略任务。

工务系统必须积极适应铁路技术发展方向，主动适应铁路技术进步所带来的变化，快速提高技术人员和职工队伍素质，建立高效精干的工务养护队伍，才能更有效地管理好、维护好现代化铁路，这不仅是历史赋予的神圣使命，也是时代赋予工务人重要的责任。因此，广州铁路（集团）公司工务处、劳卫处组织编写了铁路工务适应性培训丛书，本套丛书涵盖了工务系统的行车主要工种。培训丛书坚持继承与创新相结合，依据铁路有关规章制度的基本要求和工作要求编写，重点突出实际操作技能、应急处理技能和新技术、新设备、新规章、新工艺等四新知识，便于现场职工的培训与自学。

《铁路工务防洪》一书主要从防洪概述、汛期防洪地点及管理、防洪检查及水害抢修、奖励与惩罚等四个方面，本着深入浅出、言简意赅、通俗易懂的编写原则，对铁路工务防洪应具备的相关技术和知识进行了详尽叙述。本书适用于铁路工务防洪岗位适应性培训，也可作为新职、转职、晋升的岗位资格性培训用书。

本书由谭敦枝主编，参加编写人员：薛双纲、张文仁、王劲军、何赤忠、李以湘、刘婉丽、向功强。本书在编写、审定过程中得到了广州铁路（集团）公司主要领导高度重视以及相关单位和部门的大力支持，在此一并表示感谢！由于时间和编者水平有限，疏漏与不足之处在所难免，敬请广大读者提出宝贵意见。

编　者
2012 年 3 月

目　　录

第一章　概　　述

铁路防洪工作以“全员防洪、全年防洪、科学防洪”为指导思想，实行“安全第一、预防为主、全力抢修、当年复旧”的方针，遵循团结协作和局部利益服从全局利益的原则，依靠现代科学技术，运用先进的科技手段提高防洪工作和装备水平，使铁路防洪逐步实现现代化。

每年汛前，应根据历年降雨和洪水规律，由铁路局发布防洪命令，制定防洪预案，各工务段应根据上级预案并结合本段实际制定分线及单点（Ⅰ级防洪地点）预案，及早做好抢险准备。

防洪工作实行各级行政首长负责制，统一指挥，分级分部门负责。各有关部门实行防洪岗位责任制。

工务部门防洪工作要通过做好设备养护维修，积极整治病害，控制病害的发生与发展，使设备具备较高的抗洪能力；汛期要加强检查，及时发现水害，努力实现“少断道，不撞车”的防洪目标；做好抢险的人力物力准备，熟悉各种灾害的抢险方法，以最快的速度抢通线路。

工务部门负责检查和掌握线、桥、路基设备状态；对桥隧和路基的病害进行检测和整治；在汛期对Ⅰ级防洪地点执行24小时看守，对Ⅱ级防洪地点执行雨中、雨后看守，对Ⅲ级防洪地点执行雨中不间断巡视。按期完成防洪工程和预抢工程。收集当地的气象、地质、水文等资料，提供线、桥、路基等设备状况及相关的技术资料。

第二章　汛期防洪地点及管理

第一节　汛期防洪地点

一、汛期防洪地点等级

汛期防洪地点分为Ⅰ级防洪地点、Ⅱ级防洪地点、Ⅲ级防洪地点三个等级。

1. Ⅰ级防洪地点是指重度危岩、严重陷穴、复活滑坡，有发展变化的病害挡护设施，汛期可能突发水害的处所。

2. Ⅱ级防洪地点是指裂损挡护设施、不稳定边坡、桥梁浅基等，设备存在一定病害，降雨极易诱发水害的处所。

3. Ⅲ级防洪地点是指状态较好的高路堤、深路堑、滨河路堤等，所处环境复杂，降雨易使设备质量发生变化的处所。

二、确定原则

1. Ⅰ级防洪地点由工务段防洪检查后上报铁路局防洪办，铁路局与铁道部专家防洪复查后确定。

2. Ⅱ级防洪地点由工务段防洪检查后上报铁路局防洪办，铁路局与工务段防洪复查后确定。

3. Ⅲ级防洪地点由工务段防洪检查后，段主管领导与主管防洪技术人员防洪复查后确定。

第二节　汛期防洪地点的管理

1. Ⅰ级防洪地点

工务段建立电子文档病害库，病害库内附图片资料，并在汛期派人昼夜看守。汛期主管领导、主管防洪技术人员及所在车间主任、工长每月各检查1遍。Ⅰ、Ⅱ级防洪预警降雨后2天内主管防洪技术人员检查1遍。

2. Ⅱ级防洪地点

工务段建立电子文档病害库,病害库内附图片资料,并在雨中及雨后2天内派人临时看守。汛期主管领导、主管防洪技术人员及所在车间主任、工长每月各检查1遍。Ⅰ、Ⅱ级防洪预警降雨后2天内主管防洪技术人员检查1遍。

3. Ⅲ级防洪地点

工务段建立电子文档病害库,病害库内附图片资料,并加强雨中巡查。汛期主管防洪技术人员及所在车间主任、工长每月各检查1遍。Ⅰ、Ⅱ级防洪预警降雨后2天内主管防洪技术人员及所在车间、工长每月检查1遍。Ⅰ、Ⅱ级防洪预警降雨后2天内所在车间主任、工长检查1遍。

第三章　防洪检查及水害抢修

第一节　防洪预警及雨量警戒

一、防洪预警

根据预报雨量的大小分为Ⅰ级防洪预警、Ⅱ级防洪预警、Ⅲ级防洪预警。

1. Ⅰ级防洪预警:大暴雨,特大暴雨,日降雨量 100 mm 以上,部分雨量观测点会达到限速警戒值。

2. Ⅱ级防洪预警:大到暴雨,日降雨量 50 ~ 100 mm,大部分雨量观测点达到注意警戒值。

3. Ⅲ级防洪预警:中到大雨,日降雨量 25 ~ 50 mm,部分雨量观测点达到注意警戒值。

二、雨量警戒

根据降雨量的大小分为注意警戒、限速警戒、封锁警戒。

1. 注意警戒

警戒条件:当降雨量达到注意警戒值时执行注意警戒。

警戒办法:雨量报警点覆盖范围内的工务工区按规定对Ⅰ级防洪地点加强看守,对Ⅱ级防洪地点进行雨中及雨后 2 天临时看守,对Ⅲ级防洪地点加强雨中巡查,对其他地段要及时进行巡查或添乘机车检查。执行冒雨巡查时,要向车站或工区两头同时派人(一条线路每头至少派 2 人),发现危及行车的水害立即拦停列车或通知车站信号楼扣车。

解除条件:当降雨停止 2 小时,经全面检查并确认无影响行车安全的水害后解除注意警戒。

2. 限速警戒

警戒条件:当降雨量达到限速警戒值时执行限速警戒。

警戒办法:雨量报警点覆盖范围内的工务工区按规定对Ⅰ级防洪地点加强看守,对Ⅱ级防洪地点进行雨中及雨后2天临时看守,对Ⅲ级防洪地点及其他地段由防洪责任人按巡回图对责任区段进行不间断检查监视;发现危及行车的水害立即拦停列车或通知车站运转室扣车。工务段派员趟趟登乘机车进入限速区间检查。执行限速警戒时,各线按规定限速值行车。

解除条件:当小时雨量小于限速警戒值要求的小时雨强时,经全面检查确认无影响行车安全的水害后解除限速警戒,雨量报警点覆盖范围内的工区到车站信号楼办理解除限速手续,雨量达注意警戒时继续执行注意警戒。

3. 封锁警戒

警戒条件:当降雨量达到封锁警戒值时执行封锁警戒。

警戒办法:雨量报警点辖区内的工务工区要立即到车站信号楼办理相邻区间的封锁手续,对Ⅰ级防洪地点加强看守,对Ⅱ级防洪地点进行雨中及雨后2天临时看守,对Ⅲ级防洪地点及其他地段由防洪责任人按巡回图对责任区段进行不间断检查监视。工务段包保干部要迅速添乘轨道车或单机(或摘单机)进入封锁区间检查。

解除条件:当小时雨量小于封锁警戒值要求的小时雨强时,且经现场检查确认线路具备开通条件时,可解除封锁警戒。开通后首趟列车速度按限速警戒执行。列车司机应加强瞭望,工务部门应加强巡查。降雨量符合限速警戒条件时,应继续进行限速警戒。

第二节 防洪检查

防洪检查的目的是及时发现路基、桥梁、隧道、涵洞等设备的病害和不良状态,以便及时采取加固和安全防护措施,提高设备抗洪能力,确保汛期行车安全。

防洪检查分为春季设备检查、汛前与地方有关部门的联合检查、冒雨检查、添乘检查等。

汛期春季设备检查人员由工务段领导、工程技术人员、工区工班长组成。

一、工务防洪检查的主要内容及重点

1. 普速铁路防洪检查的主要内容

(1)各种排水设备有无被冲刷、断裂、渗漏、堵塞或淤积现象,排水设备的数量、断面和长度是否满足排洪需要。

(2)靠近江河、水库、鱼塘的路堤边坡及其防护建筑物有无被冲刷、破坏或坍塌,是否安全可靠。

(3)路基边坡及自然山坡上有无溜坍、裂纹、错动、外鼓或下沉现象,其防护加固建筑物有无断裂或位移。

(4)软土地区、水浸路基和高填土路堤是否有下浸、滑塌现象。

(5)滑坡地段要检查全滑坡范围内有无裂缝、水沟有无断裂、各种建筑物有无变形,树木有无歪斜、地下水出露有无变化等,结合观测资料分析滑坡状态。

(6)有危岩裸露的山坡或悬岩应检查有无裂缝或裂缝变化情况。对危岩、孤石应进行编号,根据危险程度做出判断,确定处理方案。

(7)堑顶平地有无积水、坑洼,路基范围内的农用沟有无断裂、渗漏、堵塞和缺口等。

(8)沿线树木是否有倒树侵入限界的危险。

(9)沿线影响铁路范围的山坡有无人为破坏路基稳定、改变既有排水系统的现象,如开荒种植、修路、采石、挖砂等。

(10)可能发生溶洞和泥石流的地段有无异状。

(11)看守点的设备、遮断信号机及坍方落石报警装置使用是否正常。

(12)浅基桥梁、孔径不足、墩台裂损、河流调节物及建筑物损坏等情况。

(13)隧道严重漏水、衬砌及洞门断裂、洞顶排水设备、仰坡有无坍方落石等情况。

(14)泄洪涵洞是否满足流量要求、河床的淤积、冲刷及加固铺砌等情况。

(15)对汛期施工的工程是否采取安全度汛措施。

(16)防洪工程能否按计划在雨季前完成。

2. 高速铁路防洪检查的重点

(1)堑顶是否有积水,是否有集中地表水冲刷路基边坡;

(2)堑顶地方水渠是否渗漏、堵塞可能溢水冲刷堑坡;

(3)倒虹吸管是否渗漏、上下游水渠是否堵塞溢水冲刷堑坡;

(4)堑坡截水沟是否与天沟顺接;

(5)主骨架排水槽是否被电缆占用,失去排水功能;

(6)吊沟直冲线路的处所是否设置挡水墙;

(7)天沟、吊沟、侧沟、排水沟是否顺接;

(8)涵洞是否积水,下游出口埋管是否满足流量要求;

(9)隧道仰坡、路堑边坡、山坡是否有潜在崩坍体;

(10)路基过渡段道床板、支承层是否出现裂缝或离缝;两线间及路肩混凝土是否出现裂缝或上拱;

(11)路基边坡是否出现变形或裂缝;

(12)既有防护、加固设备质量是否出现变形、裂缝;

(13)临近铁路上方的山塘是否修建溢洪道,溢洪道是否硬化;

(14)雨中、雨后检查既有排水设备是否满足流量要求。

二、防洪检查注意事项

1. 防洪检查既要全面细致又要突出重点,重点地段一般为高堤深堑、高陡山坡、岩层破碎或孤石裸露的山坡、隧道出口仰坡、水库路堤、沿河路堤、不良地质构造和特殊土质(如岩崩、陷穴、裂土、软土)路基地段,浅基桥梁。

2. 防洪检查应实行分线、分边、分段负责制，检查中对每处病害都要做好详细记录。

3. 有以下情况时应特别注意。

（1）岩层倾向铁路的路堑及自然山坡，当中部夹有软弱风化层，层间有地下水出露时，雨季有可能发生顺层滑坡；

（2）堑顶有农用水渠、地方简易公路改变既有排水，暴雨时易出现溃缺形成集中地表水冲刷下方铁路；

（3）天沟破损、渗漏或山坡洼地积水，有可能引起边坡溜坍；

（4）陡坡岩壁上局部岩体或石块风化裂缝，可能脱离母岩形成崩塌落石；

（5）路肩外挤的高路堤，容易发生边坡溜坍；

（6）支挡建筑物出现裂缝或外鼓变形。

三、高速铁路防洪检查形式

1. 限速地段进入防护栅栏检查

设备水害（故障）双线限速 120 km/h 及以下地段，设置好防护后进入防护栅栏内对水毁设备或设备故障处所进行不间断巡回检查。

2. 白天栅栏外徒步检查

沿栅栏外侧对路基及排水设备进行全面检查，汛期检查每月不少于 3 次、大风暴雨前后应加密检查频次，并修筑好上山下河检查便道。

3. 雨中、雨后添乘检查

当日雨量大于 25 mm 时，要每 2 小时添乘一趟动车组司机室检查；当日雨量大于 50 mm 时，要每 1 小时添乘一趟动车组司机室检查，直至雨停后 3 小时止；当日雨量大于 100 mm 时，要每 1 小时添乘一趟动车组司机室检查，直至雨停后 6 小时止。

4. 夜间天窗检查

对白天徒步检查和添乘检查的发现的重点处所，利用天窗进行详细检查，确认设备状况。

第三节　常见水害应急处理与抢修

一、常见水害应急处理

(一)普速铁路常见水害应急处理

1. 遇以下情况需要按规定及时、有效地拦停列车。

(1)坍方、落石、滑坡发生后,岩(土)体已侵入建筑限界(以下称限界)。

(2)当有间歇性的崩坍落石发生时,线路上的石块清除后,仍有石块不断滚入线路。

(3)堑坡、山坡有裂缝,在短时内裂缝迅速扩大或下错,处于明显动态变化过程中,随时有坍塌的危险。

(4)滑坡体滑动,使线路向上隆起或横向位移,处于明显变化之中。

(5)滑坡、错落体位移,使支挡、防护建筑物错动开裂,已侵入限界或有倒塌迹象。

(6)区间正线水漫轨顶,水下情况不明。

(7)路堤浸水后软化或路基下沉、横移,使轨道几何尺寸发生变化且已不具备限速行车条件。

(8)线路轨道、道床被水冲毁、冲空。

(9)路堤冲毁、沉陷、坍塌,道床失稳,不能保证限速行车。

(10)路堤边坡坍滑、下错,其滑动边缘已侵入道床坡脚。

(11)路堤边坡坍滑部分,其上部虽未侵入道床坡脚,但坍体下部较陡随时可能继续发生溜坍。

(12)黄土及易瞬间坍塌的路堤边坡开始向下错动,裂缝扩大速度较快,已产生"错台",坍滑后能侵入道床坡脚范围以内,溜坍最近处距线路中心水平距离小于2.0 m。

(13)路堤内因水力渗透作用形成较大的管涌,路堤有坍塌破坏的可能。

(14)桥梁墩台被水冲毁。

（15）桥梁墩台受到洪水冲刷，河床冲刷严重，经检算墩台稳定受到威胁或已严重晃动。

（16）桥梁墩台受洪水冲刷后已倾斜，经检算承载能力不足，或桥上线路平面内轨道几何尺寸严重变化不能校正到可以通车的条件。

（17）墩台发生位移后，桥上限界不足。

（18）浅基桥墩受洪水冲刷，墩台基础情况不明时。

（19）洪水水位接近或平梁底。

（20）涵洞管节冲失或基础冲空，影响路基稳定。

（21）涵洞翼墙、端墙或桥梁护锥冲毁、坍塌，影响路基稳定。

（22）隧道内或仰坡落石及圬工脱落侵限时（含未坠落石块）。

（23）因山体滑坡、错落引起隧道衬砌严重变形，衬砌侵入限界时。

（24）当站台、接触网柱、信号机柱及其他设备或树木倾倒后侵入限界时。

2. 遇以下情况需要按规定及时、有效地限制列车运行速度。

（1）堑坡土壤趋于饱和状态，不断向下坍滑，清除至限界外以后仍不断缓慢向下坍塌，处于边清边坍、不清就会侵限的状态。

（2）坍方、落石发生后已派人看守，但仍有可能继续落石。

（3）滑坡缓慢滑动，轨道几何尺寸变化较慢，经整修和不断整修可以限速通车。

（4）堑坡下部支挡设备倾斜，已采取临时加固措施。

（5）区间水漫道床，且水还在流动。

（6）线路下沉，道床浸水软化，轨道几何尺寸变化较大，经整修可以限速行车。

（7）路堤边坡溜坍，坍体边缘已侵入路肩外侧，最近处距线路中心水平距离不足2.8 m。

（8）路堤内形成管涌、溶洞、陷穴等隐患，在处理前判断路基发生变形后对轨道变形影响较小。

（9）部分道床冲失，轨下道砟未动。

(10)桥梁基础受洪水冲刷,冲刷严重,但墩台尚稳定。

(11)桥墩台受洪水冲击后已微量倾斜,退水后不再受冲刷威胁,桥上线路经拨道后可以限速行车(应检算墩台承载能力)。

(12)浅基桥墩台经检算,允许在某一冲刷深度以内限速行车。

(13)因山体滑坡、错落引起隧道衬砌变形,变形部位或加固结构已侵入建筑接近限界,尚未侵入机车车辆限界。

(14)桥台后路基下沉并因护锥变形使一部分线路枕木头严重缺道砟。

(二)高速铁路水害应急处理

1. 路基过渡段下沉

防洪检查时,利用天窗时间全线徒步检查路基过渡段情况,利用视频系统对过渡段进行检查,发现有裂缝、离缝时,用沥青进行封闭处理,加强该路基过渡段沉降观测,发现沉降超限时,采取限速措施,进行注浆处理。

2. 堤坡溜坍

(1)不影响行车安全的堤坡溜坍:利用天窗时间在既有栅栏内,根据需要在路肩外侧一定距离设置临时栅栏后,对溜坍处所进行加固处理。

(2)影响行车安全的堤坡溜坍:采取封锁、限速措施,并根据需要在路肩外侧一定距离设置临时栅栏后,对溜坍处所进行加固处理。

3. 堑坡溜坍

(1)不影响行车安全的堑坡溜坍:利用天窗时间在既有栅栏内,根据需要在侧沟外侧一定距离设置临时栅栏后,对溜坍处所进行加固处理。

(2)影响行车安全的堑坡溜坍:采取封锁、限速措施,并根据需要在侧沟外侧一定距离设置临时栅栏后,对溜坍处所进行加固工程处理。

二、常见水害抢修

（一）路基冲决

1. 原　　因

（1）山洪暴发：山区铁路多依山傍水修建，当穿越急流沟谷时，一般均设有桥涵排水设备，在雨季山洪暴发时，洪水由于一时渲泻不畅，造成冲毁路基。

（2）水库溃决：有些中、小型水库由于修建质量和其他问题，在雨季水位高涨时发生水坝溃决，冲毁铁路路基。

（3）连续暴雨，江河水位高涨，流水湍急，造成冲毁路基。

2. 安全防护

线路工或巡道工巡查线路期间，发现路基冲决险情，危及行车安全时，首先要立即设置好停车信号防护，如瞭望困难遇降雾或夜间还应点燃火炬；其次迅速用电台或电话通知相邻车站封锁区间；同时通知两端相邻巡查小组设置防护拦停列车，通知车间组织力量增援；自发现险情始，危险地段需有人不间断看守，防护处理要坚持“宁可错拦、不可错放”的原则，严禁冒险放行列车，确保行车安全。

3. 处理程序与方法

（1）处理程序

① 出巡人员发现险情，及时设置好防护；

② 利用电台或电话通知就近车站申请封锁区间；

③ 向工务段调度汇报，即时启动防洪预案，组织队伍抢修；

④ 防洪办有关技术人员到水害地点调查水害情况，拟定抢修方案；

⑤ 工务段组织队伍、机具、材料进场抢修并向上级主管部门汇报；

⑥ 上级主管领导、技术专家及工务相关人员现场拟定抢修方案；

⑦ 按拟定初步方案进行抢修；

⑧ 抢通后经确认达到列车放行条件，开通线路；

⑨ 逐步提高线路、路基设备技术状态，恢复到既有标准。

（2）抢修方法

① 就地取土（砟石等）修复

路基冲决较浅，水已退干，如就地取土方便或炉渣、碎石等易于运来时，可用这些材料填补缺口，亦可用道砟暂时填充通车。

② 片石填复

决口处有积水不能填土，若有石料供应，宜采用抛填片石的方法修复路基。修复方法是用机车将车皮向决口顶进，推至决口前缘卸车，然后挖掘机等机械转运，逐渐缩小决口断面，如此时因决口断面变小而水流较大时，则到最后集中用大片石或石笼堵口，卸砟整理线路通车。注意列车到达前要预先加强线路，以防卸车时因路基松软而发生事故。

③ 顺坡临时修复

长距离的河滩路堤冲决时，若路堤高度在 1 ~ 2 m 内，但工程量很大，其他方法均不能迅速抢通时，可采用线路就地顺坡的方法，先填平坑穴，铺道通车，以后再用道砟抬道恢复标高。此法要注意两头抬道尽量满足行车的需要（满足曲线、纵坡的相关技术要求）。

④ 急流决口的抢堵

a. 吊轨挂网：根据决口大小，选用适当长度的钢轨为底，在其上编织铁丝网，孔眼大小由片石大小定，一般约为 0.3 m × 0.3 m ~ 0.5 m × 0.5 m，将挂网后的吊轨移至决口处，上端固定在线路上部，构成铁丝网，然后在网的上游抛投片石堵决口。

b. 木笼投石：将制作好的木笼从上游溜放至决口处预定位置，用绳索固定在两端线路上，再向木笼内投石，使笼下沉直到石块露出水面，然后四周加固。

⑤ 抢修长大路基决口的方法

a. 搭简易枕木垛推车卸料填补缺口：路基决口深达 3 ~ 4 m 时，先在决口处抛投片石码草袋作基础，然后在基础上搭简易枕木垛，枕木垛底层枕木必须垂直线路满铺，中间每层 3 ~ 4 根即可，枕木垛中心距不超过 10 m。然后将悬空的线路支承起来，将线路轨枕与枕木垛联结牢固并以吊轨加固，驶入手推车或顶进片石车卸料，迅速填补缺口（图 3—1）。填料接触到线路底部时卸砟抬道，尽量抽出上部枕木垛捣固好即可通车。此法的优点是卸料快，无需人力长距离挑抬运，抢通迅速，但枕木垛无法全部抽出，日后易造成路基病害。

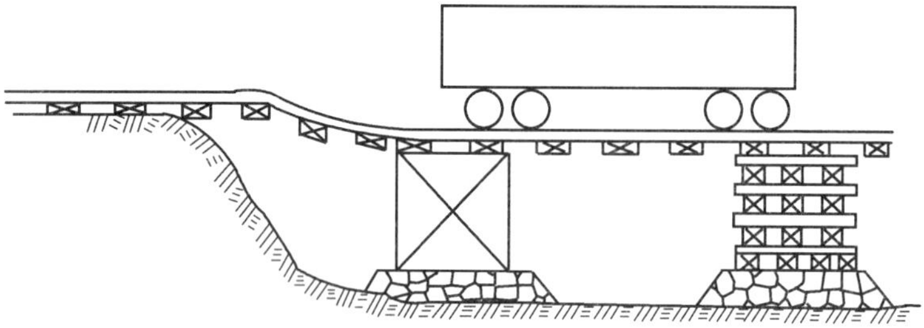

图 3—1

b. 船筏抛片石填补缺口：路基被冲决长度在 10 m 以上，深度达 8 m 以上时，无法打桩，水面流速在 0.5 m/s 以下时，可利用船筏投石及土袋堵塞。两只木筏分设在线路两侧，系牢在钢轨上（图 3—2），或用长木筏或船筏结合置于线路决口处，用钢丝绳固定成浮桥（图 3—3），在上面投片石抢险。此法要特别注意安全，须设专人经常检查排筏的稳定情况；抢险人员不得混乱、拥挤在一侧。大流速、大风浪不宜采用此法。

c. 利用枕木或脚手架支撑悬空轨道推车卸料填筑缺口：路基决口多处，每处长达 2 ~ 3 m，深度为 1 ~ 2 m，坑内无流水时，可利用枕木、木杆及脚手架支撑钢轨，分段推车投片石填筑缺口，见图 3—4。

d. 木船水上打桩：路基冲毁达数十米，水深 10 m 以上，水面流速 1 ~ 2 m/s，水流退落比较缓慢时，可采取木船水上打桩组成脚手架基或排架墩，以增大抢修面，加快抢修进度。此法是将两木

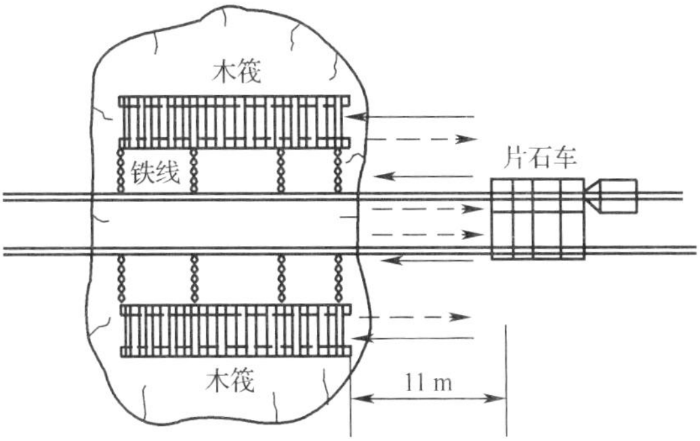

图 3—2

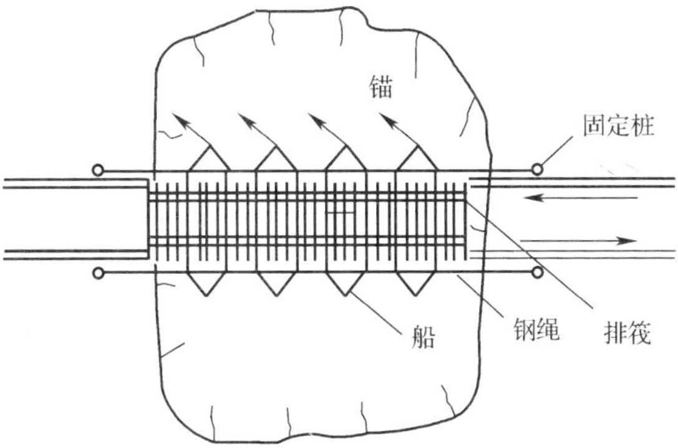

图 3—3

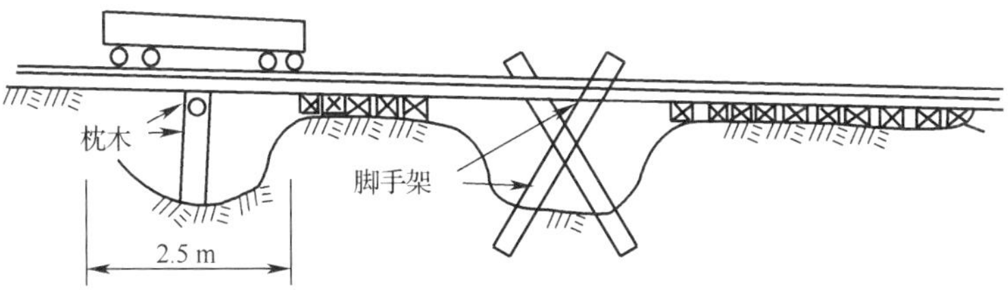

图 3—4

船用半圆木连成一体，上铺脚手板，板上立桩架打桩（图 3—5）。打桩时应尽量一次打至要求标高，以免重打。半圆木的位置应不妨碍桩的位置。两船的间距尽可能大，以加大移动桩的范围，减少移动木船次数。

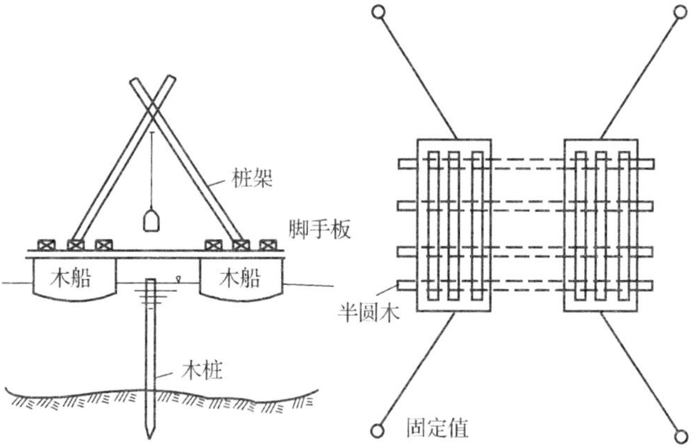

图 3—5

e. 河流改道冲决路基的抢修方法：桥头路基被冲决很长，河道改移，新河道流速达 3 m/s 以上时，可采取在上游适当的位置投片石筑透水丁坝(图 3—6)，使新河道淤死修复路基的方法。筑坝坝顶稍高于当时的水位即可，使水流在透水坝前流入原河道，降低河道流速，填筑路基，迅速恢复通车。

⑥ 修建临时性便桥

路基冲决较深较长，或桥头路基冲决后尚有流水不能填筑，或原桥孔径不足或位置不当需要增建或扩孔时，应修建临时性便桥(图 3—7)。临时性便桥的基础视冲刷和地质情况采用桩基或片石基础，应防止不被洪水再次冲毁并满足行车要求。

4. 路基冲决抢修有关技术标准

路基冲决抢修恢复通车的线路、路基设备技术标准目前尚无规章明确规定，下面介绍的各项技术指标仅供参考。

(1)抢修通车时路基顶面最小宽度

若时间允许，路基应按原标准修复，若时间紧迫，可先按表 3—1 的标准抢修通车，但桥头引线及道岔范围应按原标准修复。

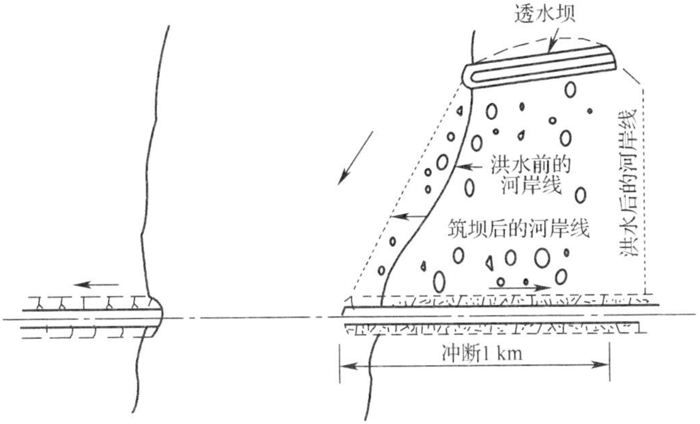

图 3—6

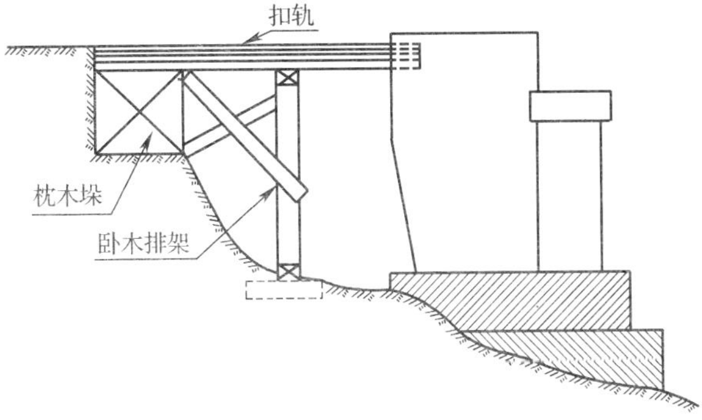

图 3—7

表 3—1 抢修通车时路基顶面最小宽度

类别	直线段	$R>600$ m 曲线段	$R\leqslant600$ m 曲线段
路堤	不小于 3.5 m	不小于 3.5 m	不小于 3.5 m，另加外侧加宽 0.3 m

(2)抢修通车时路堤边坡坡度

① 全部为填土，普通土质地段边坡用 1∶1.1～1∶1.25；砂质土地段边坡用 1∶1.5～1∶1.75。

② 拦边填土，用片石干码或草袋装土拦边，按表 3—2 办理，

但随填土增高，草袋拦边厚度应加厚，草袋码砌时上层应压住下层接缝（上下垂直缝要错开，不得有通缝），并逐渐收坡，码砌草袋拦边应做到底宽顶窄。

表 3—2　抢修通车时草袋装土码砌拦边边坡

填土高度（m）	1	2	3	4	5	6 及以上
边坡不得陡于	1:0.1	1:0.2	1:0.3	1:0.4	1:0.5	1:0.75～1.0

③ 线路几何尺寸：根据线路限速条件，线路几何尺寸容许偏差值参考表 3—3。

表 3—3　抢修通车时线路几何尺寸

速度（km/h）		25～45	45～65	65～100	100～120
轨距（mm）		+10，-4	+9，-4	+8，-4	+7，-4
水平、高低、轨向（直线）（mm）		11	10	7	6
三角坑（扭曲）	缓和直线（mm）	8	7	6	5
	直线和圆曲线（mm）	10	9	7	6

5. 其　他

（1）路基冲决的填土层要分层夯实，分层厚度不大于 0.3 m；

（2）抢修线路所需用钢轨、配件不得超过重伤标准；

（3）曲线地段应按规定设置超高；

（4）临时拨正的曲线半径不得小于 200m，两相反曲线夹直线长度不少于 10 m。

（二）边坡溜坍

1. 原　因

（1）边坡溜坍

① 土质边坡受降水侵润后强度下降、黏聚力降低，不能维持自身平衡而失稳，沿下部未被软化的土层面发生溜坍；

② 表层为黏土覆盖层，下部为倾斜岩层，表层黏土受地表水下渗和地下水作用，沿基岩面产生溜坍。

（2）边坡坍塌

① 边坡坡度陡于天然休止角；

② 石质堑坡节理发育、岩层破碎、风化严重；

③ 坡面地表水（降水）或地下水的作用；

④ 列车震动。

（3）坍方落石

① 边坡坡度过陡；

② 石质堑坡节理发育、岩层破碎、风化严重；

③ 水的作用；

④ 列车震动。

2. 安全防护

发现路基边坡溜坍、坍塌及坍方落石等险情时，如果路堤边坡为浅层表面溜坍、坍塌落石数量不大，没有侵入限界，这些病害不危及行车安全时，可不设防护，但要密切观察注意病害发展情况，直到稳定为止。

当路基边坡溜坍数量很大，坍体侵入线路、边坡坍塌侵入限界或掩埋线路、坍方落石侵限或落入道心时，严重危及行车安全，首先要迅速用电台或电话通知车站封锁区间；立即设置好停车信号防护，如瞭望困难、遇降雾或夜间还应点燃火炬；通知工区、车间组织力量增援；自发现险情始，危险地段需有人不间断看守，防护处理要坚持“宁可错拦、不可错放”的原则，严禁冒险放车，确保行车安全。

3. 处理程序与方法

（1）处理程序

① 出巡人员发现险情，及时设置好防护；

② 用电台或电话通知就近车站封锁区间或限速行车；

③ 向工务段调度汇报，即时启动防洪预案，及时组织队伍抢修；

④ 就近工务工区先期投入抢修；

⑤ 工务段组织队伍、机具、材料进场抢修并向上级主管部门汇报；

⑥ 上级主管领导、技术专家及工务相关人员现场拟定抢修方案；

⑦ 按拟定初步方案进行抢修；

⑧ 抢通后经确认达到列车放行条件，开通线路；

⑨ 逐步提高线路、路基设备技术状况，恢复到既有标准。

(2)抢修方法

① 路堤边坡溜坍

路堤边坡发生溜坍时，要调查坍体上下缘及坍方体长度，估算坍体厚度和体积并结合实际情况决定抢修方案。

a. 路堤大面积坍方抢修：先用片石反压滑体下部，再在上部卸炉渣帮坡。片石反压平台的宽度和高度应经过计算确定。来不及计算时，可简单定为平台宽度约等于路堤高度，平台高度为路堤高度的1/3～1/2。若路堤下部浸水，反压平台应适当加大。片石来源困难时，可填土作反压平台。炉渣来源困难时可用装土草袋帮坡(图 3—8)。

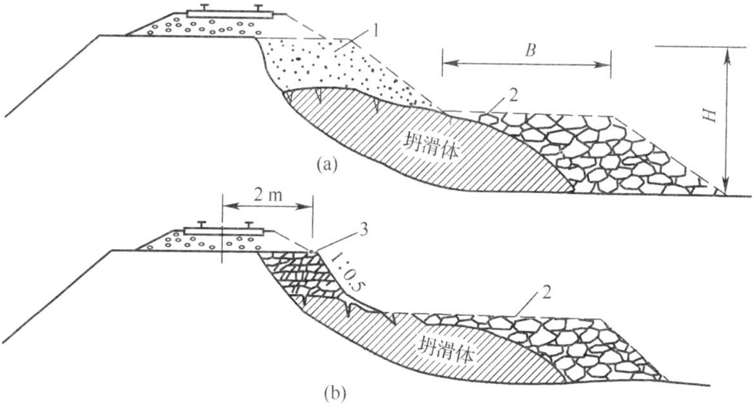

图 3—8

1—上部填炉渣帮坡；2—片石反压平台；3—上部叠砌装土草袋帮坡；
H—路基高度；B—平台宽度，$B=H$

运来的片石不得在坍塌范围内卸车，以防片石压在坍体上部而加速下滑。

片石宜卸在坍体两端，用单轨车或台车运送，用钢轨或木材搭溜槽将片石沿槽滑到反压平台上。

若上述抢修工作量较大，抢修时间较长，而滑坍后的路堤宽度满足拨移线路时，为缩短断道时间，可临时拨道维持通车。

b. 路堤边坡表层溜坍的抢修：坍体厚度在 0.8 ~ 1.5 m 内，坍体上缘距线路中心大于 2 m 时，可抛码片石覆压边坡，片石厚度不少于 1 m，下厚上薄；顶部用装土（或碎石）的草袋保护道床（图 3—9）。

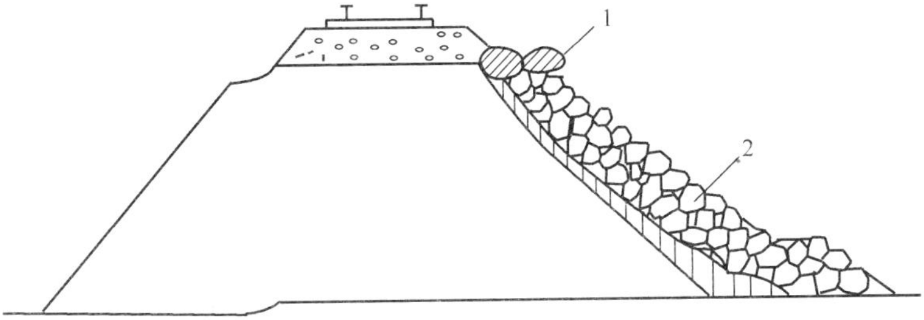

图 3—9

1—草袋；2—片石覆压边坡

如果路堤较高，采用上述方法需要片石数量较多时，可在路肩处设木桩，内砌装土草袋保护道床，以加速抢修，确保行车安全（图 3—10）。

表层溜坍只发生在边坡上半部时，覆压片石要从坡脚往上抛码。若路堤太高，也可打木桩稳住坍体，路堤边坡上部溜坍有时因基床陷槽积水外渗造成，查清后可在路肩做泄水渗沟疏干陷槽水。

② 路堑边坡坍塌

清除路堑坍塌一般以先达到能够通车为前提，必要时可先限速通车，然后彻底清理。

a. 坍方数量较大，短时间内难以清除开通线路时，若地形条件许可，可采用拨道或铺便线维持通车，然后再清除坍方，恢复线路。

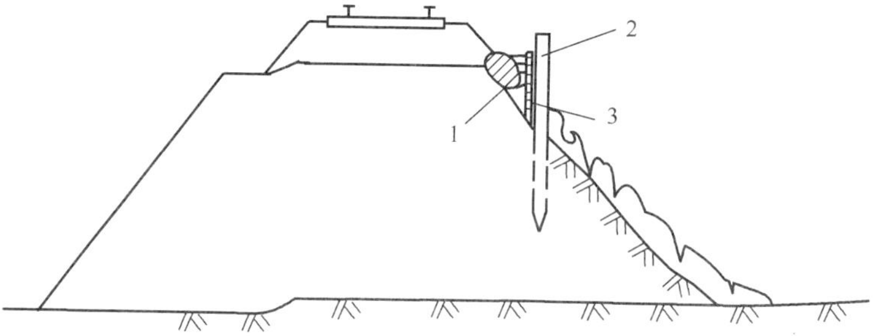

图 3—10

1—草袋;2—木桩(间距 0.5 m);3—木板

b. 为了提前抢通,可先按机车车辆限界清理坍方,通车后再扩大清理,并清除路肩、水沟坍土。通车前要将山坡上可能坍塌的危石、危土清除掉,以防遇雨再次坍塌,保证行车安全。

c. 长大路堑地段除从两头清理外,宜尽量增加抢修工作面,利用推土机、装载机、挖掘机等机械配合使用,以缩短抢修时间。有条件可用平板车、火车向外运土。

d. 坍体中若有大石块,可采用放明炮的方法清除爆破,即将炸药放在石块上,安上雷管引线,外面严密覆盖黏土,拍实,点火引爆。此法比打眼放炮快,按经验每方石块约要 1 kg 黄色炸药。条件许可时,用内燃凿岩机凿眼装药放炮效果更好。若地形条件许可,可用起重机械将石块吊出限界以外,通车后再清除。

e. 为了提高工作效率,尽快开通线路,根据地形情况,可发挥机械的效能,如长大路堑,可用装载机械将坍土装入轨道平板车或火车皮外运。地形条件许可时,可用挖掘机配合装载机、推土机共同将土石清至限界以外。

f. 如果水的因素是引起病害的主要原因,则在清理坍方前,应对地表径流、渗流等进行处理,并要加快抢修进度。

(三)崩坍落石

(1)发现少量落石时,一人能立即排除的,及时排除,然后进行检查是否有再次发生落石的可能,并及时向工务段调度汇报,派技术人员复查。

(2)在清理落石时,应注意人身安全,严禁边塌边清,严禁在边坡上采用掏底土排大石的方法,严禁上下重叠作业处理危石。

(3)在发生崩塌落石的山坡上,应派有经验的职工监视防护,不断检查,发现异常立即通知山下清方人员暂停工作。在清方前要清除坡面上的松散危险土石。

(4)抢险完毕,开通线路前要检查线路的几何尺寸,必要时进行钢轨探伤工作。

(5)有爆破作业时,按有关爆破作业安全规章规定进行施工。

(6)当山上有危石、危土即将坍塌时,为保证行车安全,要限速行车。当山上裂缝宽度变化速度加快时,要果断封锁区间。

(四)线路(道床)漫水

1. 线路(道床)漫水主要类型

(1)洪水来势汹涌,水位上涨迅猛,破坏性强,但持续时间短,受害范围较小,如山洪暴发或附近水库溃决时的情形。

(2)水位上涨缓慢,但持续时间长,受害范围较大,路基由于长期浸水容易松软坍塌,如江湖漫溢、江河或水库堤坝溃决滞洪范围较大时的情形。

2. 安全防护

发现水漫道床,应立即派人看守,迅速通知工务调度、车间,视情况采取封锁或慢行措施。

3. 应急处理办法

(1)当路基地段一侧有江河且洪水上涨缓慢或根据水位预报有较充分时间时,可在靠洪水一侧的路基边坡铺砌 30 cm 的片石护坡或在路基边坡上堆砌道砟袋。堆砌时应根据路肩高度,坡脚底应砌多层,以稳固为准。袋与袋之间要交错堆砌,经片石护坡或堆砌道砟袋后在靠近洪水侵袭一侧路肩上加高或在路肩上修筑埝堤,防止水漫道床。

(2)如果洪水漫过道床,可在下游方向路基边坡上加盖草袋或麻袋,用木桩钉住固定,有条件时可在坡脚抛片石反压。

(3)因山洪暴发或排水不良发生水淹或水漫道床时，首先要疏通排水设施，如两侧设有排水沟一侧暂不能清通时，可临时在漫水处扒开道床道砟至轨枕底（此时必须派人看守保证轨底砟量）或做成透水道床、架设扣轨梁。

(五)岩溶陷穴

岩溶陷穴发生在我国大部分地区。岩溶陷穴一般多产生在道床范围内，大部分产生在轨底和线路中心，溶洞地下水丰富，岩质各有不同，内部结构非常复杂，难以探测，严重危胁着铁路的行车安全。

岩溶陷穴的应急处理方法：发现岩溶陷穴应立即封锁线路，待探明情况后再决定行车条件，当溶洞口直径在0.2 m左右时，可站在轨枕上用钢钎或其他工具进行扩孔检查，确认溶洞不深，不影响行车安全，经捣固后可以不超过5 km/h的速度放行列车，并注意列车运行情况，一旦发现变化，随时拦停列车。工务段应立即指派有关领导和工程技术人员赶到现场勘查，根据具体情况确定处理方案。岩溶处理方法较多，如多层桩基础、架设扣轨梁等，但工程复杂，所需材料多，工期长，延误开通和限速时间长，一般可以采用抛填片石后加强捣固进行处理，处理后放行前三趟列车的速度不超过15 km/h，以后视具体情况逐步恢复正常运行。在列车没有恢复正常运行前，必须有专人进行防护。

三、水害抢修案例

(一)普速铁路水害抢修案例

1. 堑坡滑坡(××线K1609+468～+488×××隧道南口西边)

(1)检查经过

5月22日8:05分，××雨量站24小时连续雨量100.1 mm，达注意警戒雨量，调度立即通知××车间出巡检查。8:38分，××二车间检查发现××线K1609+468～+488(×××隧道南口西边)挡墙裂缝、挡墙下部水沟底处挤出，立即报告段调度，调度于8:40分通知路基主任,8:42分通知防洪主管副段长,8:45分通知值班副段长,9:25分值班副段长率桥隧技术科等有关人员赶到水害现场。

现场检查情况如下:

① 挡墙位移、裂缝情况:K1609+468~+489隧道出口前方挡墙裂缝,沟底位移。其中,K1609+471.5处12.0 m高、1.6 m宽挡墙竖向从堑顶至沟底贯通裂缝,沟底处挡墙挤出0.2 m;K1609+475.7、+480.2、+484.5、+489.3处7.5 m高、1.6 m宽挡墙竖向裂缝,沟底处挡墙位移0.1~0.2 m,见图3—11。

图3—11　隧道南出口端墙、护坡变形情况

隧道顶1.5 m高0.5 m宽端墙顶向线路倾斜0.2 m,下部变形严重处截水沟底裂缝宽0.1 m,深0.8 m。隧道顶右侧既有浆砌片石护坡裂缝挤出,见图3—12。

K1609+458(K1609+458~+468为隧道范围)~+468堑坡中部截水沟均有小裂缝,严重处在K1609+471.5及K1609+489处,截水沟底及边墙均有开裂、下沉。

② 滑坡情况:该路堑高度48.7 m,主裂缝在距路肩高差42.6 m处上方,裂缝上方至山顶为坟墓。主裂缝宽0.5 m,滑坡壁错台1.3 m,从主裂缝至侧沟底挡墙形成完整的滑坡周界。滑坡

图 3—12　天沟裂缝、变形情况

主轴与线路夹角约 38°。

(2)原因分析

连续降大到暴雨,5 月 13 日 × ×雨量站连续雨量 205. 5 mm,日降雨量 192. 7 mm,1 小时最大雨量 38. 6 mm,5 月 22 日连续雨量 115. 4 mm;路堑边坡高,陡峭,高度 48. 7 m,下部边坡坡度 1∶1. 15左右;隧道上方偏压,右边高堑坡,左边较低。

(3)抢修方案及经过

在开裂、位移挡墙 K1609 +468 ~ +488 处下部用干码片石反压,反压片石从× ×线右侧钢轨头部外侧水平距离 0. 81 m 处按 1∶1坡度放坡,卸片石 4 车。

经观测,片石反压开始至片石反压完成的 2 小时的时间内,距轨面高度 1. 8 m 处的挡墙墙身向铁路位移 0. 25 m,反压完成后 2 天内挡墙位移 0. 05 m,挡墙累计位移 0. 3 m,在以后的观测中位移在 2 mm 内。从以上观测中可知,如不果断采取限速及反压的水害应急处理措施,滑体将会掩埋线路,体积约为 12 000 m^3, × ×咽喉将会中断行车,并且抢修极为困难,严重影响× ×线铁路运输。

反压图片见图3—13。

图3—13　干码片石反压

拆除K1609+468隧道顶1.5 m高、0.5 m宽开裂、变形端墙。

K1609+458～+488挡墙、隧道顶至堑坡顶部主裂缝范围内的树木、杂草全部进行砍伐清理。

下部挡墙、线路及堑坡裂缝派人24小时看守。

隧道顶端墙先用人工拆除，后用挖掘机拆除，至19:00完成，坡脚反压片石24:00按设计完成反压，从枕木头外侧0.4 m处向挡墙以1:1坡度码砌片石进行反压。

(4)慢行情况

10:00～11:10，××线K1609+200～+550及××线K0+00～+500限速5.0 km/h，11:10～20:30提速至10 km/h，20:30后提速至25 km/h。

(5)抢险机具、材料及劳力情况

挖掘机4台、汽车12台班。

片石4车、彩条布80捆、砍刀160把、发电机2台、扁担160担、撬棍50根等。

抢险民工 240 人、职工 58 人。

(6)水害复旧方案

边坡刷坡减载,从隧道顶起,进行刷坡 $274\times50=13\ 700\ m^3$,(边坡坡率 1∶1.25,每 8.0 m 高设 3.0 m 宽平台),余土汽车外运,见图 3—14。

图 3—14　边坡刷坡示意图

原堑坡截水沟附近设抗滑桩 6 根,断面尺寸为 $2.0\ m\times2.5\ m$,桩长 25.0 m,合计钢筋混凝土(含护壁)1 125 m^3。

隧道顶设抗滑桩 4 根,断面尺寸 $2.0\ m\times2.5\ m$,桩长 16.0 m,合计钢筋混凝土(含护壁)480 m^3。

刷坡后边坡用浆砌片石护坡封闭 720 m^3。

恢复桩间挡墙 $20\times1.2\times8=192.0\ m^3$。

恢复天沟 $250\times0.8=200\ m^3$。

弃土区挡墙 $200\times2.5\times0.8=400\ m^3$。

弃土区边坡护坡 $200\times4\times0.4=320\ m^3$。

水害复旧竣工图片见图 3—15。

2. 路堤坍滑(××线上行 K1673+095～+235)

(1)水害地段地形、地质、水文特征

该水害地段位于××线上行 K1673+095～+235,××～××间右侧,线间距约 5.2 m 的半堤半堑地段,上行右侧为××线复线

图 3—15　水害复旧竣工图片

电化新帮宽路堤，堤高 14 m 左右，其中顶轨以下 2.4 m 左右为新帮宽公路，公路宽 6.0 m，公路坡脚为水塘，常水位水深 5.0 m 左右，西临湘江，2003 年最高洪水位距轨顶仅 3.5 m 左右；下行左侧为路堑，堑深 35 m 左右，堑坡中部及顶部设有土质截水沟，堑坡有零小坍方，堑顶有岩石外露及小坍洞，坡面植被生长茂盛，地下水发育。

（2）水害发生、发展情况

2003 年 6 月 26 日 ~27 日，××地区普降暴雨，××自记雨量观测站日降雨量 135 mm，6 月 27 日 14:30，××工务段××工区职工按规定冒雨出巡检查，发现××线上行 K1673 +120 ~ +220 右侧距线路中心 9.2 m 处与铁路平行的公路面中部出现宽0.6 m，深 1.0 m 的裂缝，主管副段长立即带段防洪办有关人员迅速赶到现场进行监测，16:00，上述裂缝发展至宽 1.0 m，深 1.7 m，并牵引到距上行中心 6.2 m 处，公路左侧发生宽 0.1 m，深 0.3 m 裂缝，18:00裂纹发展到上行右侧路肩，引起 064 号电化立柱基础出现下沉开裂现象，18:24 分立柱向外位移 17 mm（轨顶平面处，以 18:00 相对位移 0 mm，以下相同），18:29 分立柱向外位移 47 mm，19:00 上行右侧轨枕端道砟开始松动，段立即采取果断措施，通知××车站对上行线通过该区段的列车限速5 km/h,19:26分,××供电段随即封锁上行区间线路。此时,064号电化立柱向外位移300 mm。

封锁上行线路后,险情仍继续快速发展。21:09,路肩累计下滑0.8 m,22:13路肩累计下滑1.6 m,22:23分路肩累计下滑发展到1.75 m,22:43分路肩累计下滑2.2 m,此时××线下行区段间限速80 km/h,23:00分路肩累计下滑2.7 m,滑面有地下水流出,并伴有溜砟、流砂现象,23:20分路肩累计下滑4.0 m,上行线轨道向右外移0.02 m,23:48分路肩累计下滑4.2 m,28日0:10分路肩累计下滑4.8 m,之后坍体基本稳定。

(3)水害原因分析

① 牵引滑坡

公路中心以右为新帮宽部分,水害地段从公路中心右侧首先发生裂纹、错台,以后逐步带动左侧并牵引到上行路基,导致距上行中心1.1 m处错台4.8 m的路堤坍滑水害。

② 路堤常年被水浸泡

公路右侧堤坡常年被水浸泡,水塘右侧临近湘江,湘江水位上涨时,洪水直接浸泡路堤边坡。2003年5月16日洪水位距公路面仅1.5 m。

③ 降雨量大

6月26~27日,××雨量观测站观测的连续降雨量为152 mm。

④ 原有排水设备不足

该段水害地段左侧从××线下行K1672+800~K1673+160均为35 m以上的深路堑,但路堑坡脚排水不畅,只有一条自然形成的高低不平的土沟,大量地表水汇集到土沟内,渗入路堤边坡以内,对铁路路基产生不利影响。

⑤ 地下水发育

水害现场表明:K1673+140~+155坍体内有大量地下水流出。

⑥ 设计处理不到位

水塘内漫石基础只有 2.0 m 宽平台，且平台高度远小于塘梗高度，只满足设计及施工规范最小要求，××线、××线等新建路基多处发生水塘内路堤坍滑类似水害足以说明。

(4)复旧处理方案

① 反压护道 190 m，反压护道长度 25.0 m，高堤 8.0 m；

② 恢复路堤边坡 245 m；

③ 恢复公路混凝土路面长度 250 m；

⑤ 新建天沟、侧沟及排水沟；

⑥ 挖孔桩恢复电化柱基础 2 处。

(二)高速铁路水害抢修案例

1. 堑坡溜坍(××高速铁路下行 K1497+530~+560 堑坡溜坍)

(1)检查经过

2010 年 6 月 19 日，××线 K1512+947 雨观测点连续雨量及日雨量 212.2 mm，1 小时雨强 53.4 mm，达到限速警戒值，18:23 限速 160 km/h，后限速 80 km/h。

2010 年 6 月 22 日 8:38，××路桥车间×××路桥工区防洪巡查小组雨后巡查发现××线下行 K1497+530~+560 处堑坡溜坍。

(2)现场调查水害情况

水害地点：××线下行 K1497+530~+560。

堑坡高度：侧沟平台至堑顶高差 10.0 m 左右。

既有边坡防护及支挡情况：该水害地段未设片石混凝土挡墙等支挡工程，但水害地段向北同高度路堑坡脚设有 2.5 m 高片石混凝土挡墙；边坡防护为全浆砌片石加植草窗植草防护。

水害情况：严重地段从距堑顶 2.0 m 处裂缝、错台，最大错台 0.8 m，侧沟平台宽度 2.0 m，坍体坡脚向侧沟方向有小量位移，见图 3—16、图 3—17。

图 3—16　××线下行 K1497 +530 ~ +560 正面图片

图 3—17　××线下行 K1497 +530 ~ +560 俯视图片

（3）原因分析

① 降雨量大：5 月 19 日，K1512 +947 处雨监测点连续降雨量 212.2 mm，1 小时雨强 53.4 mm。防灾系统工务终端显示动车组限速 80 km/h。

② 路基支挡工程欠缺：10.0 m 高路堑坡脚未设支挡工程进行防护，只设有边坡防护。

③ 排水系统不完善：二级平台截水沟未接通吊沟或引出路基外，水直接冲刷路堑边坡。

(4)临时抢修方案

① 接长二级平台截水沟 20.0 m,并将地表水引向路基边坡外。

② 路堑坡脚在侧沟平台用编织袋装土码砌坡脚。

③ 白天及夜间加强检查。

(5)复旧方案

利用天窗时间在侧沟平台处设临时栅栏 200 m,完成临时栅栏施工后,水害复旧施工在白天进行。

在路堑坡脚设锚固桩 6 根,间距 6.0 m,断面尺寸 1.5 m × 2.0 m,桩长 6.0 m。

锚固桩间设片石混凝土挡墙。

边坡设拱形骨架护坡进行加固。

(6)施工方案

利用天窗设临时栅栏隔离后施工,临时栅栏设置见图 3—18。

图 3—18 临时栅栏设置

2. 堑坡滑坡(××高速铁路上行 K1634 + 985 ~ K1635 + 041 堑坡滑坡)

(1)检查经过

2010 年 7 月 8 日 0:30,××路桥工区雨后检查发现××线上行右侧 K1634 +985 ~ K1635 +041 挡墙位移0.1 m，一级平台多处裂缝宽0.05 m、二级平台上多处裂缝宽0.07 m，栅栏外6 ~7 m处山坡裂缝深1.6 m。

（2）水害具体情况

① 既有边坡情况：栅栏内堑坡高度13 ~14.0 m，二级边坡，其中：一级边坡高度8.0 m，二级边坡5 ~6 m，边坡坡度1∶1.75，边坡采用骨架护坡防护。栅栏外边坡坡度1∶6左右，总高度约6.0 m。

② 水害情况：滑坡主裂缝在栅栏外水平距离6 ~7 m处，主裂缝深1.6 m，宽0.3 m，滑体约6 000 m^3。

侧沟平台上电缆沟盖板挤出，隆起高度0.3 m，既有钢筋混凝土侧沟外墙裂缝，见图3—19。

图3—19　滑坡下部盖板沟挤出（隆起0.3 m）

（3）原因分析

① 连续降雨，降雨量大。5月13日××雨量站连续雨量205.5 mm，日降雨量192.7 mm，1小时最大雨量38.6 mm，5月22日连续雨量115.4 mm，7月6日连续雨量88.5 mm，1小时最大雨量35.8 mm。

② 地质不良，施工中曾发生基坑溜坍。

③ 排水系统不完善，堑坡缓，但汇水面积大，堑顶未设天沟，

也未设截水沟，大量地表水漫流渗入路堑边坡。

(4)临时抢修方案

① 栅栏外砍柴，夯实裂缝；

② 彩条布覆盖栅栏外裂缝部分土体；

③ 栅栏内骨架及平台裂缝用水泥砂浆封闭；

④ 病害地段24小时看守。

(5)水害复旧方案

利用天窗时间用临时栅栏进行物理隔断后，白天进行水害复旧施工。

堑坡刷坡减载，见图3—20。

图3—20 刷坡减载现场

设抗滑桩加固，桩长12.5 m，断面尺寸2 m×2.5 m。

浆砌片石加固边坡，堑顶加设天沟。

水害复旧竣工后图片见图3—21。

(6)施工方案

利用天窗设临时栅栏隔离后施工。

3. 栅栏基础冲空(××高速铁路上行K1398+769涵洞进口栅栏基础冲空)

(1)检查经过

2011年6月10日，××路桥工区冒雨检查发现××高速铁

图 3—21　水害复旧竣工后图片

路上行 K1398 +769 涵洞进口排水不良,水沟进口冲刷栅栏基础,导致栅栏倒塌。

(2)原因分析

①降雨量大:6 月 10 日 0:02 分,K1402 +328 雨量监测点 1 小时雨量 96 mm,连续雨量 160 mm,雨量监测系统显示动车组限速 80 km/h。

② 栅栏下部水沟堵塞,排水不良。涵洞进口处栅栏跨越水沟处杂物堵塞水沟。

(3)处理措施

① 清理栅栏下部水沟杂物,恢复栅栏。

② 改移水沟 50 m,原栅栏外水沟进入栅栏内侧沟后再经涵洞进口栅栏处侧沟流入涵洞,大雨时侧沟水量大,并带大量杂物堵塞栅栏下部水沟,改移后,栅栏外水沟直接进入涵洞,不经过侧沟。

(4)处理效果

经过处理后检查,栅栏跨越水沟处无杂物,无冲刷,排水系统顺接良好,见图 3—22。

图 3—22　K1398 + 769 涵洞进口栅栏冲刷处理后图片

第四章　奖励与处罚

一、防洪工作的奖励

对防洪抢险有功人员和单位，具有如下事迹之一者，各级防洪指挥部可按照铁道部有关规定制订具体实施办法给予表彰或奖励：

1. 认真执行汛期行车安全措施，在灾害地点及时停车、拦停列车，防止重大行车事故者；

2. 坚持巡守检查，遇有险情及时报告，减少灾害损失成绩显著者；

3. 在执行抗洪抢险任务时，组织严密，指挥得当，防护得力，奋力抢险，完成任务出色者；

4. 水情、雨情测报及时，情报传递迅速，克服困难抢测洪水，及时供应防洪抢险物资等，因而减轻灾害损失者；

5. 有其他特殊贡献，成绩显著者。

二、防洪工作的处罚

有下列行为之一者，视情节和危害后果，由其所在单位或者上级主管部门给予行政处分。

应当给予治安管理处罚的，依照《中华人民共和国治安管理处罚法》的规定处罚，构成犯罪的，移交司法机关，依法追究刑事责任。

1. 拒不执行经批准的防御洪水方案，或者拒不执行防洪指挥部的防洪调度方案、防洪抢险指令者；

2. 玩忽职守，或者在防洪抢险中临阵退缩者；

3. 非法堵塞桥涵等排水孔道或扒掘路基者；

4. 挪用、盗窃、贪污防洪物资或钱款者；

5. 阻碍防洪指挥部工作人员依法执行公务者；

6. 盗窃、毁损或者破坏铁路路基、桥涵及其河流调节建筑物等防洪工程设施以及水文监测、气象测报、通信照明设施者；

7. 水情、雨情测报不及时，灾情信息传递迟缓，造成严重损失者；

8. 其他危害防洪抢险者。